AF124815

Vorwort

Amigurumi bedeutet für mich Liebe und Leidenschaft im Bezug auf die Kreativität. Strahlende Kinderaugen, wenn man ihnen ein selbst gemachtes Kuscheltierchen schenkt, was könnte es tolleres geben? Dieses Buch ist auch für Anfänger geeignet. Man sollte schon mal in Runden gehäkelt haben und Feste Maschen kennen, der Rest ist ein Kinderspiel.

Inhaltsangabe

Materialien

Bevor man mit dem Erstellen der süßen Figuren beginnt, muss man einige Materialien besorgen.

Man benötigt Baumwolle, Filz, Füllwatte, Nadel und Fäden, Häkelnadeln, Kleber, Knöpfe, eventuell Augen für die Tierchen, man kann aber auch immer Knöpfe nehmen. Ich nehme meistens eine Häkelnadel in der Stärke zwei, weil dann die Maschen schöner aussehen und die Füllwatte nicht durchschimmert. Gehäkelt wird, wenn es nicht anders angegeben wird in Runden, zumeist in Festen Maschen. Man beginnt mit einem Fadenring, wer ihn nicht beherrscht, kann auch zwei Luftmaschen bilden und in die zweite Masche einstechen.

Kleine Eule Luana

Die kleine Eule Luana habe ich bewusst als erste Amigurumi Figur gewählt. Sie ist sehr einfach zu häkeln und gelingsicher.

Folgende Materialien werden benötigt:

- Wolle, am Besten Baumwolle
- Häkelnadel in der passenden Stärke, ich bevorzuge Garn und Häkelnadel in der Stärke 2
- Füllwatte
- Nähgarn
- Nähnadel
- Knöpfe
- Schere
- Filz

- Kleber

Anleitung:

Körper:

Jeder Stichpunkt beinhaltet eine neue Runde.

- Bilden Sie einen Fadenring (oder häkeln Sie zwei Luftmaschen und stechen in die zweite Masche ein)
- Häkeln Sie 6 Feste Maschen im Ring
- Nun verdoppeln Sie jede Masche, so dass sich jetzt 12 Maschen im Ring befinden
- Jetzt müssen Sie jede 2. Masche verdoppeln. Es befinden sich jetzt 18 Maschen im Ring.
- Bitte verdoppeln Sie jede 3. Masche. Sie haben nun 24 Maschen.
- Jetzt jede 4. Masche verdoppeln. Es sind nun 30 Maschen vorhanden.
- Verdoppeln Sie bitte jede 5. Masche. Sie haben nun 36 Maschen.
- Verdoppeln Sie nun jede 6. Masche. Es sind jetzt 42 Maschen.
- Häkeln Sie acht Runden. Es bleiben 42 Maschen.
- Häkeln Sie nun jede 5. Masche zusammen. Es sind nun 36 Maschen.
- Häkeln Sie 6 Runden.
- Nun den Faden durchziehen, lang lassen zum Vernähen und abschneiden. Die Eule mit Füllwatte füllen und oben gerade zusammennähen.

Obere Kante vernähen

Nun werden die Ohren gefertigt.

Ohren 2 mal fertigen

Ohr aus 5 Fäden

Hierzu schneidet man sich 5 Fäden in einer Länge ab und zieht die Fäden durch die Ecker der Ohren. Am Besten geht das mit der Häkelnadel. Dann werden die Fäden verknoten und in Ohrengröße abgeschnitten. An der anderen Seite werden die Ohren genau so gefertigt.

Augen

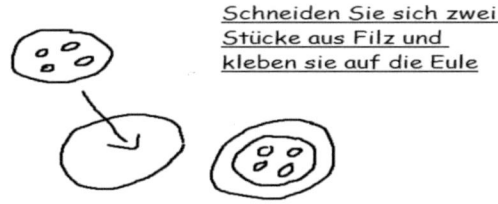

Schneiden Sie sich zwei Stücke aus Filz und kleben sie auf die Eule

Nun kleben Sie den Knopf auf das Filzstück

Für die Augen schneiden Sie sich zwei Runde Flächen aus Filz und kleben sie auf die Eule. Danach kleben Sie noch zwei Knöpfe auf die Augenplatten.

Flügel

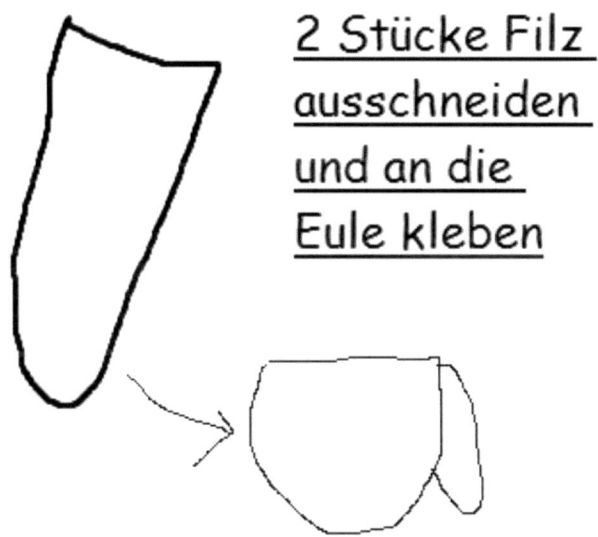

Flügel

2 Stücke Filz
ausschneiden
und an die
Eule kleben

Schneiden Sie sich zwei Stücke aus Filz und kleben sie an die Eule.

Jetzt kommt der Schnabel an die Reihe.

Suchen Sie sich ein Stück Garn oder Wolle und nähen Sie ihn auf die Eule.

Fangen Sie mit den äußeren Stichen an

Füllen Sie mit den anderen Stichen den Schnabel

Koalabär Lukas

Jetzt kommt mein Freund Lukas an die Reihe.

Folgende Materialien werden benötigt:

- Wolle, am Besten Baumwolle
- Häkelnadel in der passenden Stärke, ich bevorzuge Garn und Häkelnadel in der Stärke 2
- Füllwatte
- Nähgarn
- Nähnadel
- Knöpfe oder Augen
- Schere

Anleitung:

Körper:

Jeder Stichpunkt beinhaltet eine neue Runde.

- Bilden Sie einen Fadenring (oder häkeln Sie zwei Luftmaschen und stechen in die zweite Masche ein)
- Häkeln Sie 6 Feste Maschen im Ring
- Nun verdoppeln Sie jede Masche, so dass sich jetzt 12 Maschen im Ring befinden
- Jetzt müssen Sie jede 2. Masche verdoppeln. Es befinden sich jetzt 18 Maschen im Ring.
- Nun häkeln Sie sieben Reihen Feste Maschen, es bleiben immer 18 Maschen.

- Nun den Körper mit Füllwatte füllen. Den Faden durch die Masche ziehen und abschneiden. Er sollte aber etwas länger gelassen werden, damit man mit ihm den Körper zunähen kann, was auch jetzt geschehen sollte.

Jetzt häkeln wir den Kopf

Jeder Stichpunkt beinhaltet eine neue Runde.

- Bilden Sie einen Fadenring (oder häkeln Sie zwei Luftmaschen und stechen in die zweite Masche ein)
- Häkeln Sie 6 Feste Maschen im Ring
- Nun verdoppeln Sie jede Masche, so dass sich jetzt 12 Maschen im Ring befinden
- Jetzt müssen Sie jede 2. Masche verdoppeln. Es befinden sich jetzt 18 Maschen im Ring.
- Bitte verdoppeln Sie jede 3. Masche. Sie haben nun 24 Maschen.
- Jetzt jede 4. Masche verdoppeln. Es sind nun 30 Maschen vorhanden.
- Nun häkeln Sie 4 Reihen Feste Maschen. Es bleiben immer 30 Maschen.
- Jetzt häkeln Sie jede 3. und 4. Masche zusammen. Es sind nun noch 24 Maschen vorhanden.
- Nun häkeln Sie jede 2. und 3. Masche zusammen. Sie haben nun 18 Maschen.
- Nun jede 2. Masche zusammenhäkeln. Sie haben nun noch 12 Maschen. Der Kopf kann mit Füllwatte ausgefüllt werden.
- Nun jede 2. Masche zusammennähen und den Kopf schließen.

Nun kommen die Arme und Beine dran. Sie müssen das Alles also vier Mal häkeln.

- Bilden Sie einen Fadenring (oder häkeln Sie zwei Luftmaschen und stechen in die zweite Masche ein)
- Häkeln Sie 4 Feste Maschen im Ring.
- Nun verdoppeln Sie jede Masche. Sie haben nun 8 Maschen.
- Nun häkeln Sie 3 Reihen Feste Maschen.
- Der Faden kann nun vernäht werden und das Häkelstück kann verschlossen werden.

Nun kommen die Ohren (2x) an die Reihe. Beginnen Sie mit weißer Farbe.
- Bilden Sie eine Luftmaschenkette aus 3 Maschen.
- Häkeln Sie 3 Feste Maschen in die zweite Luftmasche und danach eine Luftmasche.
- Nun wenden Sie die Arbeit und verwenden die graue Wolle.
- Häkeln Sie in jede Masche zwei Feste Maschen und danach eine Luftmasche
- Nun häkeln Sie in jeder Masche 2 Feste Maschen und beenden mit einer Kettmasche.
- Sie können die Arbeit nun abketten.

Zum Schluss widmen wir uns der Nase.

Wir nehmen die schwarze Wolle

- Bilden Sie eine Luftmaschenkette aus 4 Maschen und eine Wendemasche.
- Häkeln Sie in jede Masche eine Feste Masche,
- Wenden Sie die Arbeit und häkeln jede Masche zusammen.
- Häkeln Sie jede zweite Masche zusammen und wenden Sie wieder.
- Jetzt jede zweite Feste Masche zusammenhäkeln und mit einer Kettmasche enden.
- Den Faden durchziehen und zum Vernähen lang lassen.

Nun alle Teile füllen und zusammennähen. Als Augen entweder Knöpfe oder Stofftieraugen verwenden und annähen oder kleben.

Der kleine schwarze Holger

Nun wird der kleine schwarze Holger geboren.

Folgende Materialien werden benötigt:

- Wolle, am Besten Baumwolle
- Häkelnadel in der passenden Stärke, ich bevorzuge
  Garn und Häkelnadel in der Stärke 2
- Füllwatte
- Nähgarn
- Nähnadel
- Knöpfe oder Augen
- Schere

Anleitung:

Körper:

Jeder Stichpunkt beinhaltet eine neue Runde.

- Bilden Sie einen Fadenring (oder häkeln Sie zwei
  Luftmaschen und stechen in die zweite Masche ein)
- Häkeln Sie 6 Feste Maschen im Ring
- Nun verdoppeln Sie jede Masche, so dass sich jetzt
  12 Maschen im Ring befinden
- Jetzt müssen Sie jede 2. Masche verdoppeln. Es
  befinden sich jetzt 18 Maschen im Ring.
- Nun häkeln Sie sieben Reihen Feste Maschen, es
  bleiben immer 18 Maschen.
- Nun den Körper mit Füllwatte füllen. Den Faden
  durch die Masche ziehen und abschneiden. Er sollte
  aber etwas länger gelassen werden, damit man mit

ihm den Körper zunähen kann, was auch jetzt geschehen sollte.

Jetzt häkeln wir den Kopf

Jeder Stichpunkt beinhaltet eine neue Runde.

- Bilden Sie einen Fadenring (oder häkeln Sie zwei Luftmaschen und stechen in die zweite Masche ein)
- Häkeln Sie 6 Feste Maschen im Ring
- Nun verdoppeln Sie jede Masche, so dass sich jetzt 12 Maschen im Ring befinden
- Jetzt müssen Sie jede 2. Masche verdoppeln. Es befinden sich jetzt 18 Maschen im Ring.
- Bitte verdoppeln Sie jede 3. Masche. Sie haben nun 24 Maschen.
- Jetzt jede 4. Masche verdoppeln. Es sind nun 30 Maschen vorhanden.
- Nun häkeln Sie 4 Reihen Feste Maschen. Es bleiben immer 30 Maschen.
- Jetzt häkeln Sie jede 3. und 4. Masche zusammen. Es sind nun noch 24 Maschen vorhanden.
- Nun häkeln Sie jede 2. und 3. Masche zusammen. Sie haben nun 18 Maschen.
- Nun jede 2. Masche zusammenhäkeln. Sie haben nun noch 12 Maschen. Der Kopf kann mit Füllwatte ausgefüllt werden.
- Nun jede 2. Masche zusammennähen und den Kopf schließen.

Nun kommen die Arme und Beine dran. Sie müssen das Alles also vier Mal häkeln.

- Bilden Sie einen Fadenring (oder häkeln Sie zwei Luftmaschen und stechen in die zweite Masche ein)
- Häkeln Sie 4 Feste Maschen im Ring.
- Nun verdoppeln Sie jede Masche. Sie haben nun 8 Maschen.
- Nun häkeln Sie 4 Reihen Feste Maschen.
- Der Faden kann nun vernäht werden und das Häkelstück kann verschlossen werden.

Nun kommen die Ohren (2x) an die Reihe.

- Bilden Sie eine Luftmaschenkette aus 3 Maschen.
- Häkeln Sie 3 Feste Maschen in die zweite Luftmasche und danach eine Luftmasche.
- Nun wenden Sie die Arbeit.
- Häkeln Sie in jede Masche zwei Feste Maschen und danach eine Luftmasche
- Nun häkeln Sie in jeder Masche 2 Feste Maschen und beenden mit einer Kettmasche.
- Sie können die Arbeit nun abketten.

Nun alle Teile füllen und zusammennähen. Als Augen entweder Knöpfe oder Stofftieraugen verwenden und annähen oder kleben. Für die Nase einen Knopf annähen.

Hasi Lotti

Hauchen Sie nun Lotti Leben ein.

Folgende Materialien werden benötigt:

- Wolle, am Besten Baumwolle
- Häkelnadel in der passenden Stärke, ich bevorzuge Garn und Häkelnadel in der Stärke 2
- Füllwatte
- Nähgarn
- Nähnadel
- Knöpfe oder Augen
- Schere

Anleitung:

Körper:

Jeder Stichpunkt beinhaltet eine neue Runde.

- Bilden Sie einen Fadenring (oder häkeln Sie zwei Luftmaschen und stechen in die zweite Masche ein)
- Häkeln Sie 6 Feste Maschen im Ring
- Nun verdoppeln Sie jede Masche, so dass sich jetzt 12 Maschen im Ring befinden
- Jetzt müssen Sie jede 2. Masche verdoppeln. Es befinden sich jetzt 18 Maschen im Ring.
- Nun sollten Sie jede 3. Masche verdoppeln. Sie haben nun 24 Maschen.

- Nun häkeln Sie acht Reihen Feste Maschen, es bleiben immer 24 Maschen.
- Jetzt jede 2. und 3. Masche zusammenhäkeln, Es bleiben nun 18 Maschen.
- 1 Reihe Feste Maschen.
- Nun den Körper mit Füllwatte füllen. Den Faden durch die Masche ziehen und abschneiden. Er sollte aber etwas länger gelassen werden, damit man mit ihm den Körper zunähen kann, was auch jetzt geschehen sollte.

Jetzt häkeln wir den Kopf

Jeder Stichpunkt beinhaltet eine neue Runde.

- Bilden Sie einen Fadenring (oder häkeln Sie zwei Luftmaschen und stechen in die zweite Masche ein)
- Häkeln Sie 6 Feste Maschen im Ring
- Nun verdoppeln Sie jede Masche, so dass sich jetzt 12 Maschen im Ring befinden
- Jetzt müssen Sie jede 2. Masche verdoppeln. Es befinden sich jetzt 18 Maschen im Ring.
- Bitte verdoppeln Sie jede 3. Masche. Sie haben nun 24 Maschen.
- Jetzt jede 4. Masche verdoppeln. Es sind nun 30 Maschen vorhanden.
- Nun häkeln Sie 4 Reihen Feste Maschen. Es bleiben immer 30 Maschen.
- Jetzt häkeln Sie jede 3. und 4. Masche zusammen. Es sind nun noch 24 Maschen vorhanden.
- Nun häkeln Sie jede 2. und 3. Masche zusammen. Sie haben nun 18 Maschen.

- Nun jede 2. Masche zusammenhäkeln. Sie haben nun noch 12 Maschen. Der Kopf kann mit Füllwatte ausgefüllt werden.
- Nun jede 2. Masche zusammennähen und den Kopf schließen.

Nun kommen die Ohren an die Reihe. Sie werden zwei Mal gehäkelt.

- Bilden Sie einen Fadenring (oder häkeln Sie zwei Luftmaschen und stechen in die zweite Masche ein)
- Häkeln Sie 4 Feste Maschen im Ring.
- Nun verdoppeln Sie jede Masche. Sie haben nun 8 Maschen.
- Jetzt verdoppeln Sie jede 2. Masche.
- Nun häkeln Sie 23 Reihen Feste Maschen.
- Der Faden kann nun vernäht werden und das Häkelstück kann verschlossen werden.

Nun häkeln wir die Arme.

- Bilden Sie einen Fadenring (oder häkeln Sie zwei Luftmaschen und stechen in die zweite Masche ein)
- Häkeln Sie 4 Feste Maschen im Ring.

- Nun verdoppeln Sie jede Masche. Sie haben nun 8 Maschen.
- Nun häkeln Sie 6 Reihen Feste Maschen.
- Der Faden kann nun vernäht werden und das Häkelstück kann verschlossen werden.

Die Beine

- Bilden Sie einen Fadenring (oder häkeln Sie zwei Luftmaschen und stechen in die zweite Masche ein)
- Häkeln Sie 6 Feste Maschen im Ring.
- Nun verdoppeln Sie jede Masche. Sie haben nun 12 Maschen.
- Nun häkeln Sie 5 Reihen Feste Maschen.
- Der Faden kann nun vernäht werden und das Häkelstück kann verschlossen werden.

Nun alle Teile füllen und zusammennähen. Als Augen entweder Knöpfe oder Stofftieraugen verwenden und annähen oder kleben.

Der Hund Bello

Folgende Materialien werden benötigt:

- Wolle, am Besten Baumwolle
- Häkelnadel in der passenden Stärke, ich bevorzuge Garn und Häkelnadel in der Stärke 2
- Füllwatte
- Nähgarn
- Nähnadel
- Knöpfe oder Augen
- Schere

Anleitung:

Körper:

Jeder Stichpunkt beinhaltet eine neue Runde.

- Bilden Sie einen Fadenring (oder häkeln Sie zwei Luftmaschen und stechen in die zweite Masche ein)
- Häkeln Sie 6 Feste Maschen im Ring
- Nun verdoppeln Sie jede Masche, so dass sich jetzt 12 Maschen im Ring befinden
- Jetzt müssen Sie jede 2. Masche verdoppeln. Es befinden sich jetzt 18 Maschen im Ring.
- Jetzt jede 3. Masche verdoppeln. Es sind jetzt 24 Maschen.
- Nun jede 4. Masche verdoppeln. Wir haben jetzt 30 Maschen.
- Nun häkeln Sie sieben Reihen Feste Maschen, es bleiben immer 30 Maschen.
- Nun häkeln Sie die 3 und 4. Masche zusammen. Es sind nun 24 Maschen.
- Nun häkeln Sie die 2. und 3. Masche zusammen und haben nun 18 Maschen.
- Nun den Körper mit Füllwatte füllen. Den Faden durch die Masche ziehen und abschneiden. Er sollte aber etwas länger gelassen werden, damit man mit ihm den Körper zunähen kann, was auch jetzt geschehen sollte.

Jetzt häkeln wir den Kopf

Jeder Stichpunkt beinhaltet eine neue Runde.

- Bilden Sie einen Fadenring (oder häkeln Sie zwei Luftmaschen und stechen in die zweite Masche ein)
- Häkeln Sie 6 Feste Maschen im Ring
- Nun verdoppeln Sie jede Masche, so dass sich jetzt 12 Maschen im Ring befinden
- Jetzt müssen Sie jede 2. Masche verdoppeln. Es befinden sich jetzt 18 Maschen im Ring.
- Bitte verdoppeln Sie jede 3. Masche. Sie haben nun 24 Maschen.
- Jetzt jede 4. Masche verdoppeln. Es sind nun 30 Maschen vorhanden.
- Nun häkeln Sie 4 Reihen Feste Maschen. Es bleiben immer 30 Maschen.
- Jetzt häkeln Sie jede 3. und 4. Masche zusammen. Es sind nun noch 24 Maschen vorhanden.
- Nun häkeln Sie jede 2. und 3. Masche zusammen. Sie haben nun 18 Maschen.
- Nun jede 2. Masche zusammenhäkeln. Sie haben nun noch 12 Maschen. Der Kopf kann mit Füllwatte ausgefüllt werden.
- Nun jede 2. Masche zusammennähen und den Kopf schließen.

Der Kopf braucht natürlich auch eine Schnauze.

- Bilden Sie einen Fadenring (oder häkeln Sie zwei Luftmaschen und stechen in die zweite Masche ein)
- Häkeln Sie 6 Feste Maschen im Ring

- Nun verdoppeln Sie jede Masche, so dass sich jetzt 12 Maschen im Ring befinden
- 2 Reihen Feste Maschen
- Häkeln Sie nun jede 2. Masche zusammen.
- Ketten Sie die Schnauze nun ab und füllen sie mit Watte aus. Sie können nun eine Nase aufsticken und die Schnauze am Gesicht annähen.

Nun häkeln wir die zwei vorderen Beine.

- Bilden Sie einen Fadenring (oder häkeln Sie zwei Luftmaschen und stechen in die zweite Masche ein)
- Häkeln Sie 8 Feste Maschen im Ring.
- Häkeln Sie 8 Reihen Feste Maschen. Ketten Sie nun das Bein ab und Füllen es mit Watte. Danach müssen die Beine verschlossen werden.

Der Hund braucht natürlich noch zwei Hinterbeine.

- Bilden Sie einen Fadenring (oder häkeln Sie zwei Luftmaschen und stechen in die zweite Masche ein)
- Häkeln Sie 6 Feste Maschen im Ring.
- Verdoppeln Sie jede Reihe.
- Häkeln Sie 5 Reihen Feste Maschen. Ketten Sie nun das Bein ab und Füllen es mit Watte. Danach müssen die Beine verschlossen werden.

Nun häkeln wir die Ohren

- Bilden Sie einen Fadenring (oder häkeln Sie zwei
  Luftmaschen und stechen in die zweite Masche ein)
- Häkeln Sie 5 Feste Maschen im Ring.
- Verdoppeln Sie die Maschen, so dass Sie 10
  Maschen haben.
- Häkeln Sie 6 Reihen Feste Maschen. Ketten Sie
  nun das Ohr ab und füllen es mit Watte. Danach
  müssen die Ohren verschlossen werden.

Nun häkeln wir den Schwanz

- Bilden Sie einen Fadenring (oder häkeln Sie zwei
  Luftmaschen und stechen in die zweite Masche ein)
- Häkeln Sie 6 Feste Maschen im Ring.
- Häkeln Sie 6 Reihen Feste Maschen. Ketten Sie
  nun Schwanz ab und füllen ihn mit Watte. Danach
  muss der Schwanz verschlossen werden.

Alle Teile zusammen nähen, dann ist der Hund fertig.
Perlen als Augen aufsticken.

Fressnapf

- Bilden Sie einen Fadenring (oder häkeln Sie zwei Luftmaschen und stechen in die zweite Masche ein)
- Häkeln Sie 6 Feste Maschen im Ring
- Nun verdoppeln Sie jede Masche, so dass sich jetzt 12 Maschen im Ring befinden
- Häkeln Sie nun 3 Reihen Feste Maschen.
- Abketten und vernähen.

Teppich
Farbwechsel nach Wunsch

- Bilden Sie einen Fadenring (oder häkeln Sie zwei Luftmaschen und stechen in die zweite Masche ein)
- Häkeln Sie 6 Feste Maschen im Ring
- Nun verdoppeln Sie jede Masche, so dass sich jetzt 12 Maschen im Ring befinden
- Jetzt müssen Sie jede 2. Masche verdoppeln. Es befinden sich jetzt 18 Maschen im Ring.
- Bitte verdoppeln Sie jede 3. Masche. Sie haben nun 24 Maschen.
- Jetzt jede 4. Masche verdoppeln. Es sind nun 30 Maschen vorhanden.
- Jede 5. Masche verdoppeln. Es sind nun 36 Maschen im Ring.
- Verdoppeln Sie nun jede 6. Masche. Sie haben nun 42 Maschen.
- Bitte verdoppeln Sie jede 7. Masche. Der Teppich ist auf 48 Maschen gewachsen.

- Nun wird jede 8. Masche verdoppelt. Sie haben 54 Maschen.
- Jetzt jede 9. Masche verdoppeln. Es sind nun 60 Maschen da.
- Bitte jede 10. Masche verdoppeln. Wie haben nun 66 Maschen.
- Von nun an jede 11. Masche verdoppeln. Sie haben 72 Maschen.
- Nun jede 12. Masche verdoppeln. Sie haben nun 78 Maschen. Sie können nun den Faden abketten und vernähen.

Kleiner rosa Teddy Lilly

Nun ist es an der Zeit für Lilly.

Folgende Materialien werden benötigt:

- Wolle, am Besten Baumwolle
- Häkelnadel in der passenden Stärke, ich bevorzuge Garn und Häkelnadel in der Stärke 2
- Füllwatte
- Nähgarn
- Nähnadel
- Knöpfe oder Augen
- Schere

Anleitung:

Körper:

Jeder Stichpunkt beinhaltet eine neue Runde.

- Bilden Sie einen Fadenring (oder häkeln Sie zwei Luftmaschen und stechen in die zweite Masche ein)
- Häkeln Sie 6 Feste Maschen im Ring
- Nun verdoppeln Sie jede Masche, so dass sich jetzt 12 Maschen im Ring befinden
- Jetzt müssen Sie jede 2. Masche verdoppeln. Es befinden sich jetzt 18 Maschen im Ring.
- Nun jede 3. Masche verdoppeln. Es sind nun 24 Maschen.

- Nun häkeln Sie sieben Reihen Feste Maschen, es bleiben immer 24 Maschen.
- Jetzt jede 2. und 3. Masche zusammennähen. Es sind nun 18 Maschen.
- Nun den Körper sehr stramm mit Füllwatte füllen. Den Faden durch die Masche ziehen und abschneiden. Er sollte aber etwas länger gelassen werden, damit man mit ihm den Körper zunähen kann, was auch jetzt geschehen sollte.

Jetzt häkeln wir den Kopf

Jeder Stichpunkt beinhaltet eine neue Runde.

- Bilden Sie einen Fadenring (oder häkeln Sie zwei Luftmaschen und stechen in die zweite Masche ein)
- Häkeln Sie 6 Feste Maschen im Ring
- Nun verdoppeln Sie jede Masche, so dass sich jetzt 12 Maschen im Ring befinden
- Jetzt müssen Sie jede 2. Masche verdoppeln. Es befinden sich jetzt 18 Maschen im Ring.
- Bitte verdoppeln Sie jede 3. Masche. Sie haben nun 24 Maschen.
- Jetzt jede 4. Masche verdoppeln. Es sind nun 30 Maschen vorhanden.
- Nun häkeln Sie 4 Reihen Feste Maschen. Es bleiben immer 30 Maschen.
- Jetzt häkeln Sie jede 3. und 4. Masche zusammen. Es sind nun noch 24 Maschen vorhanden.
- Nun häkeln Sie jede 2. und 3. Masche zusammen. Sie haben nun 18 Maschen.

-   Nun jede 2. Masche zusammenhäkeln. Sie haben nun noch 12 Maschen. Der Kopf kann mit Füllwatte ausgefüllt werden.
-   Nun jede 2. Masche zusammennähen und den Kopf schließen.

Schnauze

-   Bilden Sie einen Fadenring (oder häkeln Sie zwei Luftmaschen und stechen in die zweite Masche ein)
-   Häkeln Sie 6 Feste Maschen im Ring
-   Nun verdoppeln Sie jede Masche, so dass sich jetzt 12 Maschen im Ring befinden
-   Nun jede 2. Masche verdoppeln. Sie haben nun 18 Maschen.
-   Nun jede 3. Masche verdoppeln. Sie haben nun 24 Maschen. Abketten und an den Kopf nähen. Mund und Nase aufsticken. Augen ans Gesicht nähen.

Ohren (2x)

-   Bilden Sie einen Fadenring (oder häkeln Sie zwei Luftmaschen und stechen in die zweite Masche ein)
-   Häkeln Sie 6 Feste Maschen im Ring
-   Nun verdoppeln Sie jede Masche, so dass sich jetzt 12 Maschen im Ring befinden
-   Jetzt müssen Sie jede 2. Masche verdoppeln. Es befinden sich jetzt 18 Maschen im Ring.

- Häkeln Sie 3 Reihen Feste Maschen.
- Abketten und an den Kopf nähen.

Arme (2x)

- Bilden Sie einen Fadenring (oder häkeln Sie zwei
  Luftmaschen und stechen in die zweite Masche ein)
- Häkeln Sie 6 Feste Maschen im Ring
- Nun verdoppeln Sie jede Masche, so dass sich jetzt
  12 Maschen im Ring befinden
- Häkeln Sie 8 Reihen Feste Maschen
- Abketten und füllen.

Beine (2 x)

- Bilden Sie einen Fadenring (oder häkeln Sie zwei
  Luftmaschen und stechen in die zweite Masche ein)
- Häkeln Sie 6 Feste Maschen im Ring
- Nun verdoppeln Sie jede Masche, so dass sich jetzt
  12 Maschen im Ring befinden
- Jetzt müssen Sie jede 2. Masche verdoppeln. Es
  befinden sich jetzt 18 Maschen im Ring.
- Häkeln Sie 1 Reihe Feste Maschen.
- Jede 1. und 2. Masche zusammenhäkeln. Es sind
  nun 12 Maschen.
- Häkeln Sie 10 Reihen Feste Maschen.
- Abketten und Füllen.

Nähen Sie alle Teile zusammen.

Jetzt kommt das Herz an die Reihe.

Zuerst häkeln Sie 2 Häubchen.

- Bilden Sie einen Fadenring (oder häkeln Sie zwei Luftmaschen und stechen in die zweite Masche ein)
- Häkeln Sie 6 Feste Maschen im Ring
- Nun verdoppeln Sie jede Masche, so dass sich jetzt 12 Maschen im Ring befinden
- 1 Reihe Feste Maschen
- abketten
- Nun wird ein weiteres Häubchen wie oben genannt gehäkelt.
- Es werden jetzt beide Häubchen zusammen gehäkelt.

Beide Häubchen zusammenhäkeln

- Die Häubchen werden einmal komplett umhäkelt.
- Nun werden 4 Reihen Feste Maschen gehäkelt.
- Nun wird jede 7. und 8. Masche zusammengehäkelt.
  Wir haben nun 21 Maschen.
- Jetzt jede 6. und 7. Masche zusammenhäkeln. (18)

- Nun jede 5. und 6. Masche. (15)
- Jede 4. und 5. Masche (12)
- Das Herz kann jetzt mit Füllwatte gefüllt werden.
- Jede 3. und 4. Masche zusammennehmen (9).
- Jede 2. und 3. Masche zusammennehmen (6).
- Jetzt jede 1. und 2. Masche zusammen, abketten und vernähen.

Alle Teile zusammennähen.

Die kleine Kükenbande

Diese kleine Kükenbande ist schnell gehäkelt.

Folgende Materialien werden benötigt:

- Wolle, am Besten Baumwolle
- Häkelnadel in der passenden Stärke, ich bevorzuge
  Garn und Häkelnadel in der Stärke 2

- Füllwatte
- Nähgarn
- Nähnadel
- Knöpfe oder Augen
- Schere

Wir beginnen mit dem Körper:

Jeder Stichpunkt beinhaltet eine neue Runde.

- Bilden Sie einen Fadenring (oder häkeln Sie zwei Luftmaschen und stechen in die zweite Masche ein)
- Häkeln Sie 6 Feste Maschen im Ring
- Nun verdoppeln Sie jede Masche, so dass sich jetzt 12 Maschen im Ring befinden
- Jetzt müssen Sie jede 2. Masche verdoppeln. Es befinden sich jetzt 18 Maschen im Ring.
- Bitte verdoppeln Sie jede 3. Masche. Sie haben nun 24 Maschen.
- Jetzt jede 4. Masche verdoppeln. Es sind nun 30 Maschen vorhanden.
- 2 Reihen Feste Maschen (30)
- Nun verdoppeln wir jede 5. Masche (36)
- Nun jede 6. Masche verdoppeln (42)
- Vier Reihen Feste Maschen.
- Nun jede 5. und 6. Masche zusammenhäkeln (36)
- Jede 4. und 5. Masche zusammenhäkeln (30)
- Jetzt häkeln wir jede 3. und 4. Masche zusammen (24)

- . Jede 2. und 3. Masche wird zusammengehäkelt (18)
- Den Körper nun schon mal mit Watte ausfüllen.
- Jede 1. und 2. Masche zusammenhäkeln (12)
- Nun jede Masche zusammenhäkeln (6)
- Abketten und zunähen

Flügel (2 x)

- Bilden Sie einen Fadenring (oder häkeln Sie zwei Luftmaschen und stechen in die zweite Masche ein)
- Häkeln Sie 5 Feste Maschen im Ring
- Nun verdoppeln Sie jede Masche, so dass sich jetzt 10 Maschen im Ring befinden
- 5 Reihen FM
- Abketten und am Körper annähen.

Die Augen aufnähen.

Nun muss noch der Schnabel gestickt werden.

Sticken Sie zuerst
die Umrandung des
Schnabels

Nun füllen Sie den
Stabel mit einigen
Stichen

Das Küken ist fertig.

Die lustige kleine Biene

Ein kleines Bienchen darf auch nicht fehlen.

Folgende Materialien werden benötigt:

- Wolle, am Besten Baumwolle
- Häkelnadel in der passenden Stärke, ich bevorzuge
  Garn und Häkelnadel in der Stärke 2
- Füllwatte
- Nähgarn
- Nähnadel

- Knöpfe oder Augen
- Schere

Wir beginnen mit dem Körper.

Jeder Stichpunkt beinhaltet eine neue Runde.
Wenn Sie ein Ringmuster wünschen müssen Sie in
diesem Bereich alle zwei Reihen die Farbe wechseln.

- Bilden Sie einen Fadenring (oder häkeln Sie zwei
  Luftmaschen und stechen in die zweite Masche ein)
- Häkeln Sie 6 Feste Maschen im Ring
- Nun verdoppeln Sie jede Masche, so dass sich jetzt
  12 Maschen im Ring befinden
- Jetzt müssen Sie jede 2. Masche verdoppeln. Es
  befinden sich jetzt 18 Maschen im Ring.
- Bitte verdoppeln Sie jede 3. Masche. Sie haben nun
  24 Maschen.
- Jetzt jede 4. Masche verdoppeln. Es sind nun 30
  Maschen vorhanden.
- 2 Reihen Feste Maschen (30)
- Zwei Reihen Feste Maschen.
- Jetzt häkeln wir jede 3. und 4. Masche zusammen
  (24)
- . Jede 2. und 3. Masche wird zusammengehäkelt
  (18)
- Den Körper nun schon mal mit Watte ausfüllen.
- Jede 1. und 2. Masche zusammenhäkeln (12)
  Nun jede Masche zusammenhäkeln (6)

- Abketten und zunähen

Nun häkeln wir die Flügel (2 X)

Wie häkeln nun nicht in Runden.

- Wir beginnen mit einer Kette aus 10 Luftmaschen
- In jede Luftmasche kommt ein halbes Stäbchen
- Wenden
- In jedes Stäbchen kommt eine Feste Masche (nur am Flügelrand)
- Abketten und am Körper annähen.

Nun nur noch die Augen annähen.
Das Bienchen ist fertig.

Nachtrag zum Impressum

Copyright / Fotos

Fotolia.de

- imago
- ilya Siniyakov
- iugorbachevka
- photos 777
- schmaelterphoto
- karenkh

Herstellung und Verlag:
BoD - Books on Demand, Norderstedt
ISBN 978-3-7357-8784-2